TIME
FOR KIDS

¡Supervivencia!
DESIERTO

William B. Rice

Consultores

Dr. Timothy Rasinski
Kent State University

Lori Oczkus
Consultora de alfabetización

Basado en textos extraídos de
TIME For Kids. *TIME For Kids* y el logotipo
de *TIME For Kids* son marcas registradas
de TIME Inc. Utilizados bajo licencia.

Créditos de publicación

Dona Herweck Rice, *Jefa de redacción*
Lee Aucoin, *Directora creativa*
Jamey Acosta, *Editora principal*
Lexa Hoang, *Diseñadora*
Stephanie Reid, *Editora de fotografía*
Rane Anderson, *Autora colaboradora*
Rachelle Cracchiolo, *M.S.Ed.*,
  Editora comercial

Créditos de imágenes: pág.22:
Corbis; págs.17, 33: Getty Images;
pág.18 (abajo), págs.20–21 (ilustraciones),
págs. 24, 27, 39: Timothy J. Bradley; pág.25
(arriba), 38 (abajo): iStockphoto; pág.48:
William Rice; todas las demás imágenes de
Shutterstock.

Teacher Created Materials
5301 Oceanus Drive
Huntington Beach, CA 92649-1030
http://www.tcmpub.com
ISBN 978-1-4333-7051-9
© 2013 Teacher Created Materials, Inc.

TABLA DE CONTENIDO

¡ABANDONADO!

El calor del sol pesa como una viga. Golpea sobre tu cabeza y tus hombros. Tienes sueño por los rayos calurosos, y tienes mucha sed. Mojas tus labios agrietados con la lengua, deseas haber traído una **cantimplora**. Cuando tragas, sientes que tu boca está **agrietada** y tu garganta, reseca. Cuando te mueves, sientes la piel tensa. Son señales de que tu cuerpo se paraliza. Necesitas agua con urgencia, ¡pero lo único que ves es arena, un sol abrasador y arbustos espinosos!

Perdido y solo en el **desierto**, aparentemente lejos de toda ayuda, te preguntas cómo te metiste en esta situación. Necesitas saber qué puedes hacer para sobrevivir.

Aproximadamente la quinta parte de la superficie de la Tierra está formada por desierto. Estas áreas reciben muy poca lluvia o nieve, y el aire es muy seco la mayor parte del año.

PARA PENSAR

- Averigua cuál es la herramienta más importante para sobrevivir en el desierto.

- Descubre cómo conservar el agua y encontrar alimento.

- Aprende a sobrevivir bajo las temperaturas extremas del desierto.

Los desiertos se encuentran en todos los continentes

No es común que las personas queden varadas en un desierto, pero puede suceder. Quizá viajas en auto a través de un desierto, y el auto se descompone. Quizá vas de caminata por un desierto y te pierdes. ¡O eres víctima de un **acto criminal**!

Antes de viajar por un desierto, hacia un desierto o cerca de él, una persona inteligente se prepara... por si acaso.

Cada vez que viajes, siempre es buena idea estar preparado para las emergencias.

pistola de bengalas

¡Emergencia!

La planificación para la supervivencia en el desierto comienza en casa. Lleva suministros para emergencias. ¡Más vale prevenir que curar! Entre los suministros debe haber un kit de emergencia que incluye los suministros médicos básicos, **bengalas**, y **elementos reflectantes**. Los siguientes son algunos de los elementos más importantes para incluir en el kit.

manta reflectante

herramientas para construir un refugio

ropa de abrigo

agua suficiente para varios días

¡MÁS EN PROFUNDIDAD!

Desiertos del mundo

No hay dos desiertos exactamente iguales. Es posible que lo que es más peligroso en un desierto no sea una amenaza en otro. La clave para sobrevivir es estar preparado.

Desierto de Siria

En los desiertos de todo el mundo se producen tormentas de polvo. A veces ocurren tan rápido que no hay tiempo para encontrar refugio. El polvo puede enceguecer a los viajeros. En algunos casos, una tormenta de polvo puede elevarse hasta una milla en el aire.

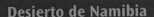

Desierto de Namibia

La niebla matinal es algo que generalmente vemos cerca del agua. El desierto de Namibia es algo especial. Las frías corrientes oceánicas y los fuertes vientos forman nubes densas de niebla. Estas se trasladan tierra adentro hacia el desierto. La humedad que contiene la niebla ayuda a sobrevivir a algunas especies. ¿Cómo usarías la niebla para sobrevivir en el desierto?

Desierto de Gobi

¡Atravesar un desierto a pie puede ser peligroso! Sin embargo, los atletas entrenados se reúnen para realizar la Marcha del Gobi todos los años. Es una **travesía** de 155 millas por uno de los desiertos más rigurosos del mundo. Durante la carrera, algunos atletas sufren colapsos a raíz del **agotamiento por calor**.

El Interior de Australia

El Interior de Australia alberga a algunas de las serpientes y arañas más mortíferas del mundo. Una mordedura podría mandarte a la tumba. Sin embargo, la mayoría de las picaduras no son mortales si son tratadas por un médico.

¡LA ACTITUD LO ES TODO!

Por supuesto, en algún momento te das cuenta de que estás varado. O estás perdido o tu vehículo se descompone y no puedes hacerlo arrancar.

Sea cual sea tu situación, la **actitud** y un pensamiento claro son las herramientas más importantes para sobrevivir. *Lo repetimos.* La actitud y un pensamiento claro son las herramientas más importantes para sobrevivir. ¿Entendido?

El pánico y las emociones pueden entorpecer la mente y ocasionar decisiones malas y posiblemente mortales. Tú y tu maravilloso cerebro son las herramientas principales que te ayudarán a sobrevivir. Tu actitud y tu respuesta ante la situación afectarán el resultado. Debes permanecer tranquilo para pensar con claridad.

Dedica tiempo a elaborar un plan detallado de supervivencia. Nunca te apresures a tomar una decisión. Alto. Piensa. Actúa.

¡No te dejes llevar por el pánico! Respira hondo varias veces para calmarte. Inhala lentamente mientras cuentas hasta diez. Luego exhala mientras cuentas hasta diez.

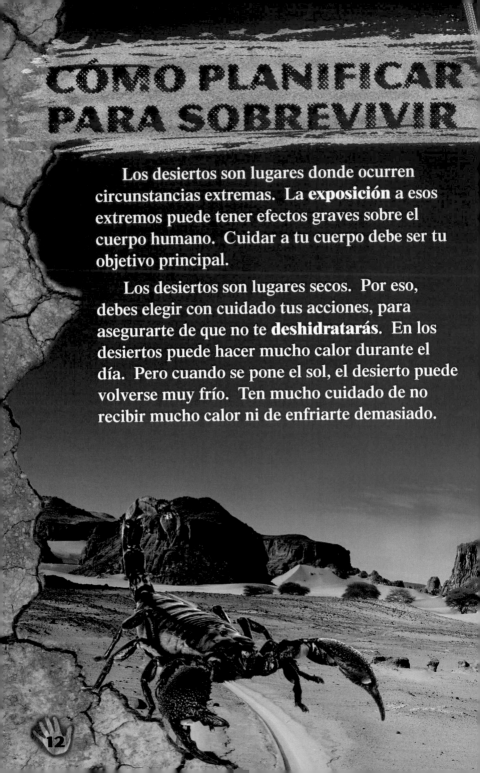

CÓMO PLANIFICAR PARA SOBREVIVIR

Los desiertos son lugares donde ocurren circunstancias extremas. La **exposición** a esos extremos puede tener efectos graves sobre el cuerpo humano. Cuidar a tu cuerpo debe ser tu objetivo principal.

Los desiertos son lugares secos. Por eso, debes elegir con cuidado tus acciones, para asegurarte de que no te **deshidratarás**. En los desiertos puede hacer mucho calor durante el día. Pero cuando se pone el sol, el desierto puede volverse muy frío. Ten mucho cuidado de no recibir mucho calor ni de enfriarte demasiado.

Antes que nada, ocúpate de tu situación inmediata. Considera la temperatura del aire. Si hace calor, busca un lugar con sombra. Busca un sitio debajo de un árbol o en el lado de sombra de una roca grande o de una saliente rocosa. Si hace frío, busca una manera de entrar en calor. Ponte más ropa, prepara una fogata o cúbrete con una manta. Quizá sea mejor quedarte dentro de tu auto con las ventanas y las puertas cerradas.

¿Por qué tan extremas?

¿Por qué las temperaturas del desierto abarcan tales extremos? La falta de nubes, lluvia y flora se combinan para crear temperaturas muy altas y muy bajas.

¡La temperatura en el desierto puede alcanzar más de 120 °F durante el día!

13

EVALUAR LA SITUACIÓN

Una vez que te hayas ocupado de tus necesidades inmediatas, evalúa tu situación. Luego elabora un plan para sobrevivir y conseguir ayuda.

¿Cuál es la estación del año? ¿Qué momento del día? En invierno, el desierto puede ser muy frío por la noche; incluso las temperaturas pueden descender bajo cero. En verano puede hacer muchísimo calor durante el día. Deja de pensar en todas estas cosas. Estos factores afectarán tus decisiones sobre cuándo y cómo actuar. Por ejemplo, durante el invierno, cuando hace mucho frío por la noche, es mejor viajar durante el día. En cambio, durante los meses de verano, cuando hace mucho calor, es mejor moverse de noche.

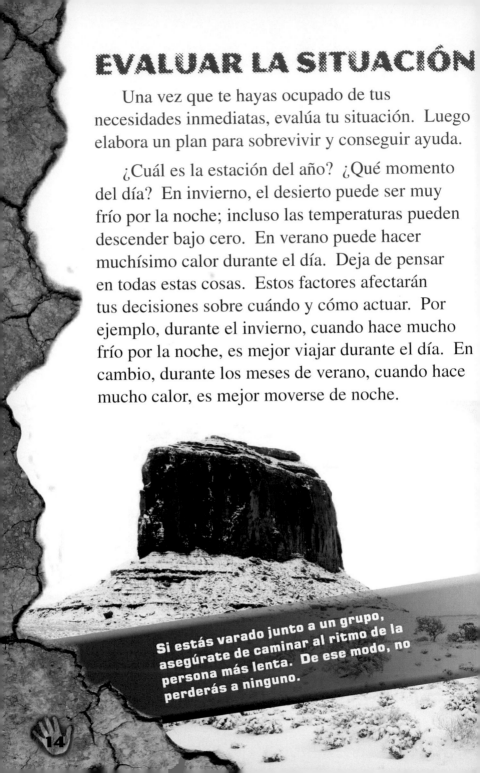

Si estás varado junto a un grupo, asegúrate de caminar al ritmo de la persona más lenta. De ese modo, no perderás a ninguno.

El abecé de la supervivencia

Un experto en supervivencia australiano llamado Bob Cooper enseña el abecé de la supervivencia. Dice que hay cinco acciones claves que deben hacerse para mentalizarse correctamente y sobrevivir.

- **A**cepta tu situación.

  (¡Deja de desear que las cosas fueran diferentes!)

- **P**repárate una taza de té.

  (Es decir, haz una pausa para pensar).

- **C**onsidera tus opciones.

- **D**ecide un plan.

- **E**jecuta el plan.

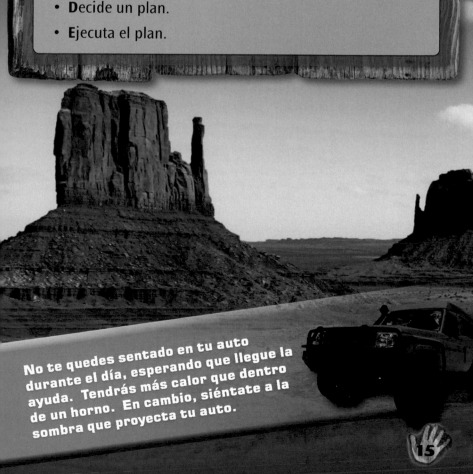

No te quedes sentado en tu auto durante el día, esperando que llegue la ayuda. Tendrás más calor que dentro de un horno. En cambio, siéntate a la sombra que proyecta tu auto.

Gente del desierto

Las personas han vivido en el desierto durante miles de años. Es posible que su fortaleza y capacidad te inspiren al pensar en un plan para sobrevivir en el desierto.

Los *San Bushmen* de África del Sur

Los *San Bushmen* (u hombres de los arbustos san) son excelentes cazadores. Con sus arcos y flechas, matan animales tan pequeños como un antílope y tan grandes como una jirafa. Untan sus flechas con veneno hecho con las larvas de un escarabajo. El veneno no mata inmediatamente al animal. A veces, los san deben perseguir a un animal durante días antes de que este muera.

Beduinos del Medio Oriente

Hace mucho tiempo, los beduinos usaban pelo de cabra tejido para construir sus refugios. Sus tiendas no solo los protegían de la lluvia, sino también mantenían la frescura durante el calor del verano. En la actualidad, sus tiendas están hechas con materiales más modernos.

Aborígenes de Australia

Los aborígenes australianos son expertos en lo que se refiere a encontrar agua. Han sobrevivido en el Interior durante miles de años. Ellos siguen los rastros de los animales hasta los abrevaderos. Recogen agua de árboles y raíces. Incluso exprimen a las ranas para obtener agua.

Los shoshone y los cahuilla de América del Norte

Las tribus americanas nativas, como por ejemplo los shoshone y los cahuilla del desierto de Mojave, utilizan las plantas para curar enfermedades comunes. El cactus cura los cortes y las heridas, mientras que otras plantas alivian el dolor y la enfermedad.

¡Un trago!

Para sobrevivir en el desierto, necesitas beber aproximadamente medio galón de agua todos los días. Cuanto más activo estés, más agua necesitarás.

Un cobertizo es un refugio hecho especialmente par crear sombra y protección de los elementos del clima.

También deberás pensar en los recursos que tengas a tu disposición. ¿Con qué cuentas? El recurso más importante es el agua. ¿Qué cantidad tienes? También mira a tu alrededor. ¿Tienes los medios necesarios para construir un refugio? ¿Qué puedes utilizar para lograrlo? Busca un grupo de rocas o arbustos altos que bloqueen el sol. ¿Tienes un mapa? ¿Qué distancia hay hasta el lugar donde puedas obtener ayuda? Trepa con cuidado por el objeto más alto que haya para examinar tus alrededores. ¿Ves un camino o una población a la distancia? Necesitarás toda esta información para elaborar un plan.

¡Mira a tu alrededor!

Los recursos no se limitan a lo que hayas traído contigo. Mira a tu alrededor para ver lo que la naturaleza pueda brindarte. Los árboles, las plantas, las rocas y otros elementos forman parte de tus provisiones disponibles.

19

¡MÁS EN PROFUNDIDAD!

¡Lucha por tu supervivencia!

Estás varado en medio del desierto del Sahara. Todo tu equipo de supervivencia está a punto de perderse para siempre en una enorme tormenta de arena que viene en tu dirección. Solo tienes tiempo de echar mano a algunos elementos. ¿Cuáles eliges?

Alimento

El alimento te da energía.

pero

No puedes digerir el alimento sin agua.

Agua

Necesitas beber medio galón de agua por día en el desierto.

pero

Eso no calma tu hambre.

Silbato

Puedes hacer sonar el silbato y pedir ayuda.

pero

En el desierto, podría no haber nadie que te escuche.

Espejo

Puedes enviar una señal a una gran distancia.

pero

No te ayudará en la oscuridad de la noche.

20

Hacha

Corta materiales fuertes, como árboles y cocos.

pero

Agrega peso a tu carga.

Cuchillo

Es fácil de llevar.

pero

Solo puede cortar cosas finas o débiles, como serpientes y pasto.

Brújula

Quizá sea justo lo que necesitas para encontrar el camino a casa.

pero

¡No sirve para mucho más!

Linterna

Podrás ver de noche.

pero

¿A quién le interesa ver un escorpión?

21

Una vez que sepas lo que tienes y en qué condiciones estás, puedes elaborar un plan. Es muy importante hacerlo. Varado en el desierto, cualquier acción que realices sin pensar cuidadosamente puede tener **consecuencias** mortales.

Tu plan debe estar enfocado en cuidar de tu cuerpo primero, y después en buscar una manera de conseguir ayuda. Encontrar ayuda o que vengan a rescatarte puede llevar algún tiempo. Por eso, elabora un plan detallado que incluya todas las maneras con que puedas protegerte. Piensa en el agua, el refugio, el alimento y la ayuda. Prepara un plan que contemple todas estas cosas.

Al tomar la decisión de conseguir ayuda, en realidad tienes dos opciones. Una opción es quedarse quieto y esperar a que llegue la ayuda. La otra opción es caminar para encontrar ayuda.

Vencer el calor

Quizá la ayuda esté a pocas millas de distancia. Pero si es mediodía y el calor es infernal, caminar tan solo una distancia corta puede ser mortal. Por eso necesitas un plan. Prepara un refugio y luego camina solamente cuando esté fresco y sea seguro.

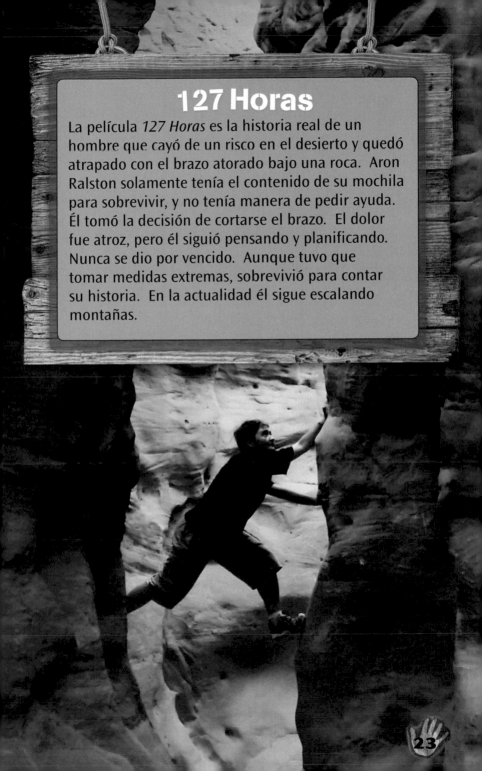

127 Horas

La película *127 Horas* es la historia real de un hombre que cayó de un risco en el desierto y quedó atrapado con el brazo atorado bajo una roca. Aron Ralston solamente tenía el contenido de su mochila para sobrevivir, y no tenía manera de pedir ayuda. Él tomó la decisión de cortarse el brazo. El dolor fue atroz, pero él siguió pensando y planificando. Nunca se dio por vencido. Aunque tuvo que tomar medidas extremas, sobrevivió para contar su historia. En la actualidad él sigue escalando montañas.

CÓMO ENCONTRAR LO NECESARIO

Si te has preparado y has mantenido los **cinco sentidos**, es posible que tengas todo lo necesario para sobrevivir. Pero si no te preparaste, hay modos de obtener lo que necesitas.

AGUA

Necesitas agua, y mucha, para permanecer vivo. Con el calor, tu cuerpo pierde agua a través de la **transpiración.** También pierdes agua cuando respiras. ¿Alguna vez observaste la niebla que forma tu aliento en un día frío? Es una señal visible del **vapor** de agua que pierdes cada vez que respiras.

¡No te dejes llevar por el pánico! La verdad es que tienes posibilidades de conseguir agua, aunque todo parezca seco a tu alrededor. No **raciones** tu agua. En cambio, escucha a tu cuerpo. Es mejor mantener el agua dentro de tu cuerpo que en un recipiente. Además, quédate quieto durante los momentos más calurosos del día. Siempre transpiras. Cuanto más te mueves, más transpiras y más agua pierde tu cuerpo. Cuando sientes sed, tu cuerpo ya está deshidratado.

Cuando exhalas, expulsas vapor de agua.

24

Paquete de hidratación

Un paquete de hidralación es una mochila especial que contiene una bolsa de plástico. La bolsa está conectada a un tubo largo. Un excursionista puede llevar mucha cantidad de agua en el paquete y usar el tubo para beber agua a lo largo del día.

Una persona necesita beber dos cuartos de galón de agua por día para sobrevivir en el desierto.

Es posible que no la veas, pero hay agua en el desierto. Solo tienes que saber dónde encontrarla y cómo recogerla. Busca el borde del **lecho de un arroyo** seco. Una vez que lo localices, cava. Tienes buenas posibilidades de encontrar agua. También puedes construir un **alambique solar** para captar agua.

Cómo construir un alambique solar

1. Durante los momentos más frescos del día, cava un pozo de tres pies de ancho por dos pies de profundidad. Busca una zona con sol y tierra húmeda.

2. En la mitad del pozo, cava otro agujero más pequeño y profundo.

3. Coloca un recipiente, como por ejemplo una lata, en el hoyo pequeño.

4. Tapa el agujero grande con una lámina de plástico. Ajusta los bordes con piedras o arena. Asegúrate de que el plástico no toque el fondo ni los costados del pozo.

5. Coloca una piedra pequeña en el medio de la lámina de plástico, encima del recipiente. Ahora, la parte central de la lámina de plástico apunta hacia abajo.

6. A medida que ascienda agua del suelo, se condensará en el fondo del plástico. Lentamente caerá en el recipiente para que bebas. Agrega un tubo de goma o vinilo para que el agua pueda beberse a sorbos a medida que se acumula.

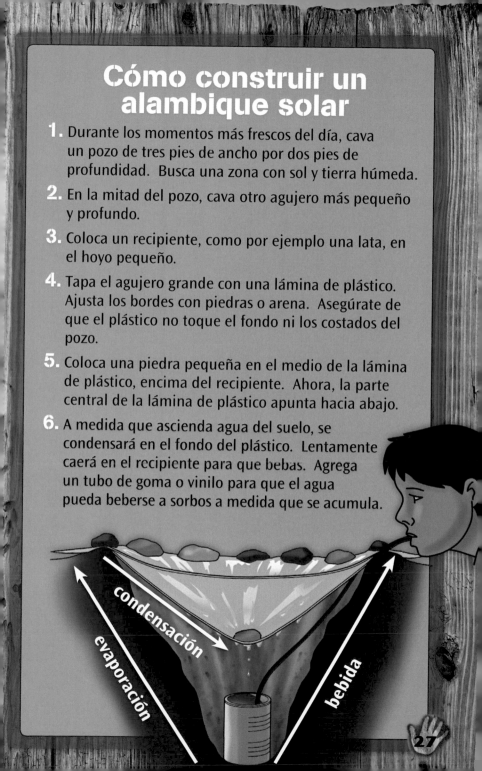

condensación

evaporación

bebida

PROTECCIÓN

Uno de los mayores peligros en el desierto es la exposición a temperaturas extremas. Cuando hace frío extremo, es muy importante tener capas adicionales de ropa y mantas. Durante el calor extremo, necesitas cubrir tu cuerpo con ropa suelta y liviana. Eso incluye sombrero, mangas largas, pantalones largos o una falda larga. Piensa en la gente que vive en los desiertos de todo el mundo. La ropa que usan protege su piel del sol. También atrae humedad cerca de sus cuerpos.

El refugio también ofrece una forma muy importante de protección. ¿Recuerdas el cobertizo? Si no puedes encontrar un refugio natural, es esencial que construyas un refugio.

Vigilancia meteorológica

Presta atención a las nubes de tormenta. En el desierto, las tormentas pueden afectar a grandes extensiones, incluso muy lejanas. Las **inundaciones súbitas** se producen de manera repentina en el desierto. Estas inundaciones son poderosas y pueden arrastrar a todo lo que encuentren en su camino.

28

Ataque animal

Está atento a las criaturas de cualquier forma y tamaño. Las serpientes, los **escorpiones**, y las arañas son algunos animales comunes del desierto. Una mordida o picadura puede lastimar gravemente o matar a una persona, especialmente si la ayuda está lejos.

La ropa liviana y suelta ayuda a los viajeros del desierto a mantenerse frescos.

Animales del desierto

Todos los desiertos albergan a animales únicos que se han adaptado a sobrevivir a los elementos rigurosos del clima. Los seres humanos pueden observar a estos animales para tener idea de cómo sobrevivir en el desierto.

Buitres negros

Muchos animales del desierto son de color pálido. Eso permite que sus cuerpos reflejen el calor en lugar de absorberlo. Los buitres negros atraen el calor, pero se han adaptado para permanecer frescos. Ellos orinan en sus patas. A medida que se secan, se refrescan. Una persona puede mojar en agua una camisa extra y envolverla alrededor de su cabeza para disminuir la temperatura corporal.

Criaturas nocturnas

Algunos animales están activos solamente al amanecer o en la noche, cuando las temperaturas son más frescas. Esta adaptación les permite permanecer frescos y usar menos agua. Los seres humanos también pueden descansar durante el día en un lugar fresco y umbroso y moverse por la noche.

¡ALTO! PIENSA...

- ¿Cómo sobreviven los animales en el desierto?

- ¿Qué ideas puedes aprender de los animales sobre cómo mantener la frescura?

- ¿Qué ideas puedes aprender de los animales sobre dónde encontrar agua en el desierto?

Escarabajo del desierto de Namibia

El escarabajo del desierto de Namibia recoge agua durante la niebla matinal. Los seres humanos pueden lamer el rocío de las hojas de las plantas.

ALIMENTO

El alimento solamente se convierte en problema si se queda varado un tiempo prolongado. Una persona puede sobrevivir tres o cuatro semanas sin comer. Pero solo es capaz de sobrevivir un par de días sin agua. ¡Si tienes alimento pero no mucha agua, no comas! Se necesita mucha agua para digerir el alimento.

Si no tienes alimento, quizá puedas encontrarlo. Algunos cactus son buenas fuentes de alimento. Sin embargo, no comas nada que sea amargo. Un fuerte gusto amargo puede ser una señal de que ese alimento no es bueno para ti. Las plantas cuya savia es lechosa probablemente también sean dañinas, así que tampoco las comas. La mayoría de los insectos puede comerse. Los gusanos, los saltamontes, los grillos y las hormigas son los mejores.

Cómo comer cactus de barril

Corta la parte de arriba del cactus y saca la parte de adentro. Exprime el agua que contiene en tu boca. Luego puedes comer la **pulpa** del cactus.

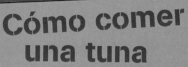

Cómo comer una tuna

Corta un pedazo de la tuna y ásala al fuego para quemar las espinas. Luego pela la piel exterior y come el interior. ¡Quienes la han comido dicen que es bastante sabrosa!

Puedes comer la mayoría de las clases de lagartijas. Pero probablemente no debas comer el monstruo de Gila, ya que es venenoso.

Plantas del Desierto

Al igual que los animales del desierto, las plantas también se han adaptado a sobrevivir en el clima seco. Los seres humanos pueden observar estas plantas para aprender maneras de sobrevivir en el desierto.

Plantas perennes

Algunas plantas permanecen aletargadas durante las épocas más secas del año en el desierto. Pero cuando hay más agua, vuelven a la vida. Es importante descansar durante el día si estás perdido en el desierto. Eso te permitirá usar tu energía de noche, cuando está más fresco.

Raíces centrales

Las freatófilas son plantas con raíces que se hunden en la tierra como pajitas largas. Estas raíces largas y delgadas se denominan raíces centrales. Las raíces centrales ayudan a las plantas a obtener agua en lo profundo de la tierra. Algunas raíces centrales crecen hasta una profundidad de 20 pies. Los seres humanos deberían imitar a las raíces centrales y cavar hondo para encontrar agua.

La superestrella de Gobi

El árbol saxaul es una planta importante en el desierto de Gobi, ya que almacena agua para las épocas secas. Los animales y los seres humanos pueden masticar la corteza del árbol y extraer agua.

35

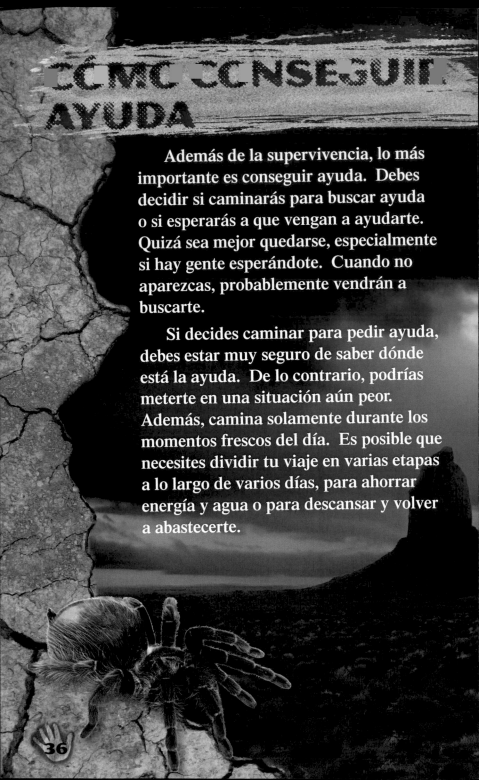

CÓMO CONSEGUIR AYUDA

Además de la supervivencia, lo más importante es conseguir ayuda. Debes decidir si caminarás para buscar ayuda o si esperarás a que vengan a ayudarte. Quizá sea mejor quedarse, especialmente si hay gente esperándote. Cuando no aparezcas, probablemente vendrán a buscarte.

Si decides caminar para pedir ayuda, debes estar muy seguro de saber dónde está la ayuda. De lo contrario, podrías meterte en una situación aún peor. Además, camina solamente durante los momentos frescos del día. Es posible que necesites dividir tu viaje en varias etapas a lo largo de varios días, para ahorrar energía y agua o para descansar y volver a abastecerte.

**Presta atención y mantén los ojos abiertos.
Ten cuidado con los riscos, las empinadas
pendientes rocosas y otros peligros.**

Presta atención a los
síntomas de agotamiento
por calor, como por
ejemplo la sensación de
mareo, náuseas y sudor.
El dolor de cabeza
también puede ser un
síntoma de agotamiento
por calor.

CÓMO HACERSE VER

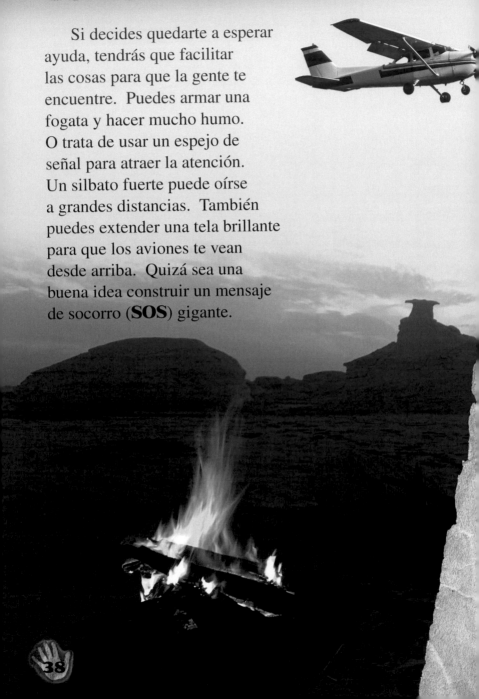

Si decides quedarte a esperar ayuda, tendrás que facilitar las cosas para que la gente te encuentre. Puedes armar una fogata y hacer mucho humo. O trata de usar un espejo de señal para atraer la atención. Un silbato fuerte puede oírse a grandes distancias. También puedes extender una tela brillante para que los aviones te vean desde arriba. Quizá sea una buena idea construir un mensaje de socorro (**SOS**) gigante.

Cómo hacer señales

Quizá los rescatistas te busquen desde arriba en un avión, pero es posible que no te vean. Si haces brillar una luz hacia el cielo, posiblemente la vean.

Paso 1

Para hacer señales con un espejo, levántalo frente a tu cara con la parte reflectante hacia afuera. Extiende tu otra mano y forma una V con el pulgar y los dedos.

Paso 2

Mueve el espejo para poder "captar" el reflejo del sol en la V de tu mano extendida.

Paso 3

Mantén la luz en la V hasta que el avión también esté en la V. Ahora la luz reflejada apuntará directamente al avión. Mueve un poco el espejo para hacer que la señal brille.

Advertencia: No hagas esto a menos que haya una emergencia. Nunca debes encandilar a los aviones por diversión.

¡SOY REVIVIENTE DEL DESIERTO!

Nadie desea estar varado en el desierto. En el mejor de los casos es incómodo, y en el peor de los casos, mortal; sin embargo, eres capaz de sobrevivir. Aunque no estés preparado, el desierto puede darte lo que necesitas si permaneces tranquilo y elaboras un plan.

¡Lo más importante es tener una buena actitud! Estar convencido de que puedes sobrevivir es la clave de la supervivencia. Tu actitud te mantiene activo. Te hace pensar. ¡Y puede convertirte en un sobreviviente del desierto!

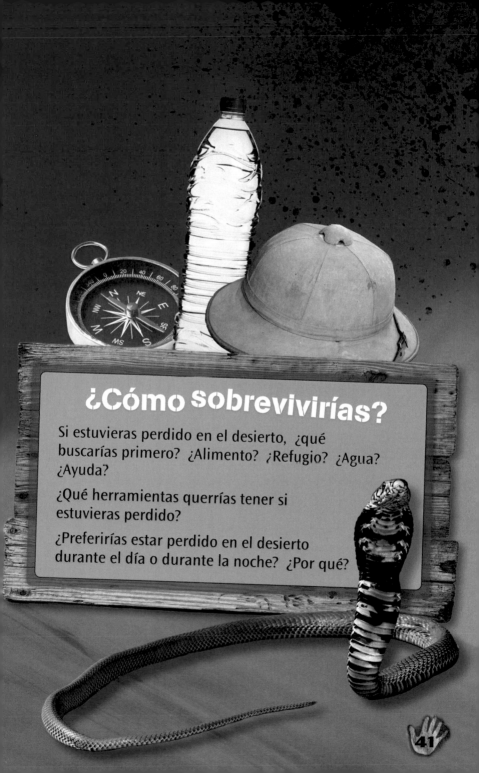

¿Cómo sobrevivirías?

Si estuvieras perdido en el desierto, ¿qué buscarías primero? ¿Alimento? ¿Refugio? ¿Agua? ¿Ayuda?

¿Qué herramientas querrías tener si estuvieras perdido?

¿Preferirías estar perdido en el desierto durante el día o durante la noche? ¿Por qué?

GLOSARIO

actitud: un modo, posición o sentimiento acerca de algo

acto criminal: acción delictiva o daño intencional a otra persona

agotamiento por calor: condición caracterizada por debilidad, náuseas, mareos y sudor como consecuencia de un ambiente caluroso

agrietada: quemada y seca

alambique solar: un dispositivo para recoger agua

aletargados: inactivos, pero capaces de volverse activos; que parecen dormidos

bengalas: fuego o luz que se utiliza para hacer señales

cantimplora: un recipiente pequeño para transportar líquidos

cinco sentidos: estabilidad mental y agudeza de los sentidos

consecuencias: efectos, resultados o productos de las acciones realizadas

deshidratarás: privarás de agua

desierto: un área seca de tierra con muy poca caída de lluvia y flora escasa

elementos reflectantes: superficies lustradas que reflejan, o devuelven, la luz

escorpiones: invertebrados con un cuerpo largo y articulado y una cola delgada con un aguijón venenoso en la punta

exposición: estar sin refugio o protección de los elementos del clima, como el sol y el viento

inundaciones súbitas: torrentes de agua repentinos, causados generalmente por lluvias muy intensas

lecho de un arroyo: un canal por donde fluye un arroyo

pulpa: la parte suave y jugosa del interior de una fruta o planta

raciones: restrinjas la cantidad que se usa

SOS: llamado de ayuda, una señal que se entiende en todo el mundo

transpiración: humedad que se expulsa para que el cuerpo pueda enfriarse

travesía: caminata a una gran distancia

vapor: la forma gaseosa de un líquido; uno de los tres estados de la materia; los otros dos son sólido y líquido

ÍNDICE

BIBLIOGRAFÍA

Arnosky, Jim. *Watching Desert Wildlife.* **National Geographic Society, 2002.**

Este libro de la National Geographic Society contiene información e ilustraciones detallados sobre una variedad de fauna y flora del desierto. Se incluyen monstruos de Gila, aves de rapiña y carneros de las Rocosas.

Hodge, Deborah. *Who Lives Here? Desert Animals.* **Kids Can Press, 2008.**

Aunque en el desierto reina un clima riguroso, muchos animales se han adaptado a vivir allí. Este libro cuenta sobre estos animales e incluye coloridas ilustraciones.

Long, Denise. *Survivor Kid: A Practical Guide to Wilderness Survival.* **Chicago ReviewPress, 2011.**

En este libro se explican varias destrezas y técnicas de supervivencia para niños, entre ellas cómo construir un refugio, destrezas de navegación importantes y cómo permanecer a salvo si te tropiezas con animales salvajes.

National Geographic Society. *Creatures of the Desert World.* **National Geographic Children's Books, 1991.**

Este libro de la National Geographic Society contiene ilustraciones detalladas e interactivas, con información sobre diferentes animales y sus hábitats en el desierto.

Serafini, Frank. *Looking Closely Across the Desert.* **Kids Can Press, 2008.**

Este libro ofrece imágenes del desierto desde una perspectiva de primer plano. Las fotografías de plantas, animales y paisajes brindan una imagen única de la vida del desierto.

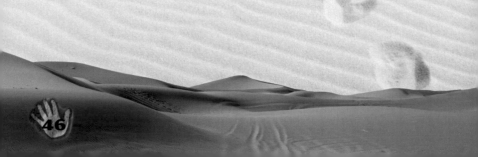

MÁS PARA EXPLORAR

Blue Planet Biomes
http://www.blueplanetbiomes.org/desert.htm

Blue Planet Biomes ofrece información sobre los diferentes biomas alrededor del mundo. Los alumnos pueden aprender más sobre el clima, las plantas y los animales que se encuentran en los desiertos más famosos del mundo.

Inch in a Pinch
http://inchinapinch.com/

A la izquierda, haz clic en *Deserts*. Este sitio web tiene fotos y descripciones de muchos desiertos. Debajo, hay dos botones que te conducen a más fotos e información sobre las plantas y los animales del desierto.

National Geographic for Kids
http://kids.nationalgeographic.com/kids/

El sitio web de *National Geographic* para niños ofrece información sobre animales y fotografías y videos de la vida silvestre de todo el mundo, además de juegos y otras actividades.

Encyclopedia Britannica for Kids
http://kids.britannica.com/

Encyclopedia Britannica en línea ofrece a los niños una base de datos informativa donde pueden hacerse búsquedas de cualquier contenido que estén estudiando en clase. Las entradas de la enciclopedia están escritas para niños de 8 a 11 años o de 11 años en adelante.

Survival Zone
http://www.yourdiscovery.com/survival_zone

Este sitio web brinda consejos y técnicas de supervivencia en el desierto, el océano y los trópicos. También ofrece sugerencias para manejar otros panoramas que se presenten en el peor de los casos.

ACERCA DEL AUTOR

William B. Rice se crió en Pomona, California, y se graduó en Geología en la Universidad Estatal de Idaho. Trabaja en una agencia del estado de California que lucha por proteger la calidad de los recursos de agua superficiales y subterráneos. Proteger y preservar el medio ambiente es importante para él, y trabaja para proteger los desiertos y otras áreas naturales de todo el mundo. Está casado y tiene dos hijos, y vive en el sur de California.